AF402712

LE

JOURNAL

DEUXIÈME ÉDITION

PARIS

DENTU, ÉDITEUR

LIBRAIRE DE LA SOCIÉTÉ DES GENS DE LETTRES

GALERIE D'ORLÉANS, 17-19 (PALAIS-ROYAL)

1865

AVANT-PROPOS

DE LA DEUXIÈME ÉDITION

———

Depuis que cet écrit a paru, le bruit d'une nouvelle proposition de congrès ayant été mis en circulation, a été démenti par le *Moniteur*, en ces termes :

« L'idée d'une délibération commune des puissances a été » naguère proposée par l'Empereur, en vue d'aplanir les difficultés » alors existantes et d'écarter celles que l'on pouvait prévoir. La » grandeur de cette pensée n'a point été contestée, et la lutte sur- » venue entre l'Allemagne et le Danemark n'a pas tardé à en » démontrer la justesse, mais le gouvernement Impérial laisse au » temps le soin de justifier plus complétement encore les conseils » de Sa Majesté. »

Cette note, reproduite par les journaux, a été diversement commentée.

Un journal, *le Temps* (1), trouve le but du congrès digne de tous les efforts, et le moyen d'y parvenir lui paraît plausible, mais il demande le moyen d'arriver à ce moyen.

(1) Numéro du 22 juillet 1865. — Art. de M. Ed. Scherer.

Le moyen de ce moyen est le *journal*.

Le journal peut et doit réaliser le congrès des peuples.

Le congrès des peuples rendrait possible le congrès des rois.

Pourquoi la réunion des rois est-elle difficile ? Parce que, étant juges et parties, ils auraient, dans un congrès, des sacrifices réciproques à se faire.

Les peuples ne sont pas dans la même situation. Il leur serait plus facile d'être justes les uns à l'égard des autres. S'ils veulent être libres, il est naturel qu'ils reconnaissent chez les autres la liberté qu'ils demandent pour eux.

Les rois se reconnaissent frères, c'est-à-dire égaux, et cette égalité fait partie du droit des gens. Pourquoi les peuples n'agiraient-ils pas de même ?

Le sacrifice de la domination d'un peuple sur un autre est donc possible ; or, ce sacrifice est la seule condition de l'alliance des peuples.

L'alliance des peuples réaliserait l'unité de l'opinion publique européenne que lord Palmerston a déclarée : *le meilleur agent pour régulariser les choses.*

Si l'alliance des peuples est possible, l'unité de l'opinion publique européenne est également possible ; et si l'unité de l'opinion publique européenne est possible, le congrès n'est pas seulement une grande idée, c'est de plus une idée juste et nécessaire.

C'est l'ombre de la justice projetée sur l'Europe.

LE

JOURNAL

I.

CARACTÈRE INTERNATIONAL DE LA PRESSE MODERNE.

Il y avait à Rome, à Athènes et dans toutes les villes libres de l'antiquité une place publique où les citoyens se rencontraient, apprenaient les nouvelles et préparaient, par la discussion des affaires publiques, les décisions qui devaient être proposées plus tard à l'Assemblée du peuple. Mais lorsque tous les peuples commencent à se mêler, à se pénétrer réciproquement par l'échange des idées, la rapidité et la facilité des communications, la solidarité plus étroite des relations commerciales, et par des institutions nombreuses, dont la plus étrange et la plus singulière est assurément l'institution de la diplomatie qui reproduit, dans chaque capitale, un résumé, un diminutif du monde civilisé ; lorsque l'état social des nations se réalise progressivement par le droit des gens, ce code commun du genre humain, les traités de commerce, l'usage des congrès dans lesquels la souveraineté collective européenne étonnée elle-même de sa présence, incertaine de ses droits, mais certaine de sa force omnipotente, semble s'essayer au gouvernement du monde ; à ce moment de la civilisation où nous sommes arrivés, par quel moyen les peuples disséminés sur toute la surface du globe pourront-ils délibérer en commun, s'entendre et se concerter sur leurs intérêts ? Comment réaliser au profit de tous les peuples le *forum* antique ?

Ce problème est résolu. Le *Journal* est le *forum* du genre humain. Par sa diffusion universelle et instantanée, il réalise le même phénomène que le forum antique.

Là tout est discuté en même temps : les affaires, la politique, les arts. Là se coudoient les illuminations du génie et les trivialités vulgaires. Il apporte chaque jour dans l'intimité du foyer domestique l'intérêt et l'émotion de la vie publique. Le globe n'est plus qu'un seul auditoire. A peine tombée des lèvres de l'orateur, la parole est saisie par l'électricité ; elle est portée dans toutes les directions ; elle éclate de toutes parts et tous les échos lui répondent.

Lorsque Démosthène parlait au peuple athénien, il pouvait bien penser, il pouvait bien se dire à lui-même que sa parole serait écoutée un jour par la postérité, et qu'elle retentirait de siècle en siècle comme une des vibrations les plus éclatantes du patriotisme et de la liberté ; mais au moment même où il parlait, il ne voyait devant lui, autour de lui qu'un auditoire restreint et mesuré par la portée de sa voix. Aujourd'hui Démosthène serait entendu de toute la terre, et les acclamations du genre humain lui répondraient ; phénomène grandiose qui résume à lui seul les progrès de la civilisation ; car pour qu'il vînt surprendre l'humanité moderne, la découverte de l'imprimerie, les applications de la vapeur et de l'électricité n'auraient pas suffi. Il fallait encore des réalisations d'un ordre plus élevé; il fallait que le genre humain reprît conscience de son unité ; que les barrières morales qui séparaient les peuples sur le globe et les classes dans chaque Etat fussent abaissées ; que la souveraineté nationale, après avoir glorifié les aristocraties antiques, eût pénétré et réveillé successivement les couches les plus profondes des sociétés, de telle sorte que l'intervention de l'opinion dans les affaires publiques soit devenue un fait quotidien et l'élément le plus considérable de l'ordre politique.

Voilà ce qu'est la presse dans le monde moderne : *Forum* et tribune du genre humain; forum qui rassemble tous les peuples et les met en présence les uns des autres comme dans un congrès immense et permanent; tribune où tout homme peut monter et être entendu de tous. « Je sais bien, disait Démosthène, que le droit de parler au peuple est un droit sacré que nous devons conserver avec soin... » Ce droit, sauvegardé aujourd'hui par les lois et par les mœurs, est universalisé comme un jour le titre de citoyen romain fut universalisé dans l'empire.

Ce caractère international de la presse moderne frappe tous les regards, et elle aime à s'en revêtir dans les titres qu'elle prend sous ses formes diverses et multiples. La plupart de ces titres ont précisément ce cachet d'unité et d'universalité qui est le caractère de l'institution elle-même. Elle reconnaît par là, et elle déclare au monde, qu'elle est ou qu'elle doit être en même temps le signe et l'instrument de l'unité et de la liberté humaines.

II

LA PRESSE ET LA PROPOSITION DU CONGRÈS.

La presse est la parole organisée, étendue et multipliée par toutes les puissances de la civilisation. Or, le XIXe siècle ne serait pas le siècle de la parole s'il n'était pas le siècle de l'unité et de la liberté.

Il y a en France des journaux intitulés: *la France, la Gazette de France, le Pays, la Patrie, l'Opinion nationale, l'Avenir national*. Il est beau d'être la parole d'une nation, le défenseur de ses intérêts, l'interprète de sa mission. Mais interrogez les rédacteurs de ces journaux, et demandez-leur s'ils se considèrent comme les représentants exclusifs des intérêts français. Tous, ou presque tous, vous répondront qu'ils ont la prétention d'être en même temps les organes de la civilisation européenne, laquelle est en train d'envahir le monde; que d'ailleurs c'est le devoir et l'honneur de la parole humaine d'être dévouée à la justice et à la vérité; que la justice et la vérité sont universelles et embrassent tous les lieux et tous les intérêts. Tous pourraient donc prendre ces titres universels: *le Temps, l'Epoque, l'Union, le Siècle, le Monde, la Presse*. Ces titres appartiennent à quelques-uns seulement; mais la pensée qu'ils expriment est commune à tous. Ainsi le cachet de l'unité pénètre la parole humaine en même temps qu'il s'imprime d'une manière souveraine dans la sphère internationale.

La plupart des questions pendantes ont une portée universelle. La question polonaise, la question orientale, la question romaine contiennent le sort de l'Europe, et par cela même elles contiennent le sort du monde. L'empereur Napoléon III a donc été le représentant de son siècle lorsqu'il a fait aux rois de l'Europe la proposition du congrès.

Par cette démarche solennelle, il a posé la question européenne. Il n'a pas voulu, il ne devait pas vouloir la résoudre à lui seul. Cette question, en effet, a différentes faces, mais son caractère principal est la fondation de la liberté politique, qui ne grandira dans chaque État et n'atteindra son plein développement qu'à la condition de s'universaliser. Or, on peut proposer la liberté, on peut la défendre si elle est attaquée; on ne peut pas l'imposer, cela implique contradiction.

Cette contradiction superbe, dédaigneuse, sublime cependant, a été l'erreur de Napoléon Ier, si l'on s'en rapporte aux confidences de Sainte-Hélène. Il voulait, disait-il, réunir dans sa main la souveraineté collective européenne, avec l'intention de la rendre ensuite à elle-même. Il aurait arraché aux rois la liberté pour la remettre aux peuples. L'Empereur Napoléon III a suivi une marche différente. Les rois réunis en congrès auraient formé eux-mêmes le faisceau de la souveraineté collective européenne, et la sécurité qui serait née de cette solidarité royale aurait rendu plus facile l'éclosion de la liberté.

Lorsque l'heure du triomphe d'une idée est arrivée, cette idée commence par être proclamée de toutes parts. Elle plane sur le monde. Elle est successivement appelée et repoussée. Elle est nécessaire et cependant importune. De là les tiraillements, les incertitudes, les anxiétés, qui sont précisément le caractère de la situation actuelle.

L'Europe est fatiguée de la vieille politique. Ce calcul d'intérêts qui ne tient compte ni de la pitié, ni de la vérité, ni de la justice, cette sorte d'habileté qui sait tirer parti, au besoin, de l'agonie d'un peuple, lui paraît misérable et condamnée; mais l'effort qu'il y aurait à faire pour sortir de cette voie la rejette en arrière; elle n'a pas le courage de la justice.

Tout le monde avait proclamé à une heure ou à une autre la nécessité de relever la Pologne ; non-seulement les penseurs et les publicistes, ces jurisconsultes de la politique, mais les hommes d'État les plus éminents de Russie, de Prusse et d'Autriche. Au congrès de Vienne, l'empereur Alexandre Ier, parlant à lord Castlereagh, s'en exprimait en ces termes : « A ses yeux, disait-il, le partage de la Pologne avait été un attentat dont les conséquences n'avaient pas cessé de peser sur l'Europe, et qu'il était honnête et politique de réparer... La Russie, en se dépouillant des provinces qui étaient entre ses mains, pouvait, avec un très-léger sacrifice de la part de la Prusse, sacrifice dont la compensation était déjà convenue, rétablir la Pologne, la rétablir en royaume séparé, la doter d'institutions libres, la modérer dans l'usage qu'elle en ferait, et opérer, en un mot, *une œuvre qui serait la gloire de l'Europe et du congrès de Vienne* (1). »

Le prince de Metternich, dans un langage semblable et encore plus libéral, disait : « Animée des principes les plus libéraux et les plus conformes à l'établissement d'un système d'équilibre en Europe et opposée, depuis 1772, à tous les projets de partage de la Pologne, l'Autriche est prête à consentir au rétablissement de ce royaume libre et indépendant de toute influence étrangère, sur l'échelle de sa dimension avant le partage (2). »

Eh bien ! lorsque l'empereur Napoléon III, s'emparant de cet intérêt européen, propose de porter la question polonaise devant le tribunal de l'Europe, l'opinion applaudit ; mais, subitement placée en face de l'avenir, elle s'inquiète et s'attache encore une fois au rivage du passé.

C'est ici que la parole se trahit elle-même et fut infidèle à sa

(1) Thiers, *Histoire du Consulat et de l'Empire.*
(2) *Memorandum* du 2 novembre 1814.

propre cause, car la cause de la justice et de la liberté est la cause de la parole.

La parole est témoignage; elle doit être un acte de foi persévérant et magnanime dans la souveraineté et le triomphe de la justice.

Ce jour-là, les rôles furent donc intervertis; tandis qu'un souverain parlait à l'Europe en philosophe, cherchant avec une admirable audace le point de contact de l'idéal et du réel, ce qui est la véritable manière d'être pratique et positif, les écrivains chargés par leur mission même de conserver le culte de l'idéal, d'en rappeler l'image aux multitudes, se montrèrent plus dédaigneux ou plus incertains de sa puissance et de sa souveraineté sur le monde.

III

LA QUESTION EUROPÉENNE NE SERA PAS RÉSOLUE PAR LA GUERRE.

« Le vieux monde est à bout, a dit l'empereur Napoléon Ier ; le nouveau n'est pas assis. »

Que sera le nouveau monde?

Je ne parle pas seulement de la France, mais de toute cette partie du continent européen dont la civilisation a passé par les mêmes phases pour arriver au même but,

Frappée d'abord à l'effigie de Rome antique, la société européenne a subi l'action de sa législation civile, puis elle est devenue chrétienne.

L'Église catholique a exercé sur elle une influence profonde et décisive. Le monde barbare a succédé sur les mêmes lieux au monde latin, l'organisation féodale à l'organisation latine. Puis l'émancipation des communes commença le monde moderne et, comme toutes les phases antérieures de la civilisation occidentale, celle-ci fut également universelle. La transformation présente, dont nous sommes les acteurs et les témoins, aura le même caractère d'universalité! C'est une phase de la vie de l'humanité, car l'humanité vit principalement de la vie européenne, et l'on peut dire de l'Europe qu'elle porte les destinées du genre humain.

Or, les idées qui dominent aujourd'hui en Europe sont peu nombreuses; elles sont simples, mais d'une simplicité profonde et radicale qui fait pressentir dans un avenir prochain des changements prodigieux.

Dans toutes les classes de la société, il est presque universellement reconnu que les lois civiles et économiques doivent avoir en vue l'avantage du plus grand nombre, de ceux-là principalement sur qui pèse plus durement le poids du travail. Les droits des peuples paraissent incontestables. Lorsque, il y a peu de temps; le souverain Pontife, s'adressant à l'empereur Maximilien, lui disait : « Les droits des peuples sont grands, il faut les satisfaire, » il exprimait en même temps une loi de l'ordre moral, une nécessité de l'état social de l'Europe et un sentiment universel. Sous l'influence de cette atmosphère intellectuelle, les nations se lèvent; elles affirment leurs droits avec une confiance chaque jour plus grande dans la justice et la magnanimité de la communauté européenne. La souveraineté collective européenne se réveille et prend conscience de sa force et de ses devoirs. Les époques héroïques de l'histoire de l'Occident européen sont précisément les réveils de cette puissance innommée, éparse, divisée, incertaine de sa direction dans les temps ordinaires, mais qui se lève dans les heures de péril. Au moyen âge, c'est elle qui a fait les croisades ; au XIIIᵉ et au XIVᵉ siècle, elle a émancipé les communes, et, de nos jours, c'est elle encore qui a délivré la Grèce et commencé de cette manière la fusion de l'Occident et de l'Orient. Eh bien ! le nouveau monde sera son ouvrage. Pour une telle œuvre, il faut un ouvrier de cette puissance et, par conséquent, le nouveau monde sera l'œuvre de la paix, non de la guerre.

La guerre surexciterait les susceptibilités nationales ; elle ferait surgir des nuages qui intercepteraient le rayonnement de l'idéal ; l'opinion se diviserait au lieu de se concentrer. On se battrait dans les ténèbres, comme ces troupes de la même armée qui, trompées par la nuit, se battent entre elles en croyant tirer sur l'ennemi.

Il semble en lisant l'histoire du passé que les grandes révolutions qui changent la face du monde doivent s'accomplir fatalement par la guerre. L'enseignement du passé serait donc en contradiction avec cette prévision de l'avenir ; mais cette contradiction n'est qu'apparente ; si l'on pénètre au fond des choses, on voit que ces révolutions ont été le choc de civilisations déjà formées.

Nous sommes frappés du spectacle de Rome s'emparant du monde et absorbant successivement toutes les civilisations qui lui étaient opposées ; nous admirons le choc éclatant de ces deux civilisations représentées par la Grèce et par la Perse et aboutissant à la fusion de l'Occident et de l'Orient par la main d'Alexandre de Macédoine ; nous voyons ensuite l'invasion des Barbares ; et nous sommes portés à conclure que les révolutions du monde sont l'œuvre de l'épée, conclusion illégitime cependant, ou du moins inexacte et incomplète ; car ces révolutions ont eu pour principe un élément moral dont la guerre a décidé la victoire, mais qu'elle n'a pas créé.

Avant la guerre cet élément moral était déjà constitué. Il existait dans les origines mystérieuses de la Grèce et de Rome ; il était caché au fond des forêts de la Germanie. Il se développait, et ce travail de formation nous échappe complétement. Ces civilisations puissantes destinées à dominer le monde nous apparaissent lorsqu'elles sont déjà victorieuses, et c'est ordinairement le moment où l'élément moral qui est leur principe est en décadence.

Eh bien ! aujourd'hui l'élément moral qui doit constituer le nouveau monde est encore en voie de formation. Il doit grandir et se développer par la paix. Les guerres de la Révolution et de l'Empire ont protégé son berceau plutôt qu'elles n'ont achevé sa victoire.

Lorsqu'à la veille du rétablissement de l'Empire, le Prince président disait à Bordeaux : « L'Empire, c'est la paix, » il ne faisait pas seulement un programme, il constatait un fait évident, c'est que les intérêts nouveaux créés par la Révolution française ont conquis leur place, et cette place est acceptée, reconnue par la vieille Europe.

Cela étant, la guerre européenne qui a fini par les traités de 1815, une telle guerre n'aurait plus aujourd'hui d'objet ni de raison d'être. Le Prince héritier et successeur de Napoléon Ier devait donc se montrer et être effectivement le gardien de la paix. Il pouvait, il devait en indiquer les conditions à l'Europe ; il ne pouvait ni ne devait essayer de les imposer. Il ne fallait ni armer les peuples contre les rois, ni se ranger avec les rois contre les peuples.

La proposition de congrès dessinait admirablement ce rôle. Car, étant par l'origine de son pouvoir le représentant naturel des nationalités, il n'hésitait pas pourtant à donner aux rois un gage éclatant en prenant l'initiative d'une mesure qui aurait fait des rois réunis les juges et les arbitres de la cause des peuples. En effet, devant le Sénat monarchique de l'Europe, il n'y aurait pas eu de tribuns chargés de parler en leur nom et de défendre leurs intérêts.

Le drapeau de l'unité européenne doit devenir sans doute le labarum autour duquel se rangeront les opprimés ; mais il est destiné

à sauvegarder en même temps les intérêts conservateurs. Il ne peut
même les sauvegarder, les défendre efficacement qu'à cette condition, « la seule base d'une paix durable étant la satisfaction don-
» née par l'accord des souverains aux intérêts des peuples (1). »

IV

L'EUROPE ET LES NAPOLÉON.

Ce langage devait être celui de l'Empereur. Napoléon III représente en même temps le droit monarchique et le droit populaire.
Le principe de sa dynastie est donc l'affirmation simultanée des
droits opposés, dont le conflit jetterait l'Europe dans le chaos.
Voilà pourquoi elle est aujourd'hui la clef de voûte de l'ordre social, non-seulement en France, mais en Europe.

L'Europe est en face d'un avenir mystérieux. Il y a partout une
attente qui présage quelque chose de grand et d'extraordinaire.
Le prestige qui s'est attaché au nom de l'Empereur Napoléon Ier
est dû en partie à ce sentiment. Les espérances de l'humanité
étaient de telle nature qu'il fallait pour les porter un homme de
cette taille, épris de la vision de l'avenir ; et réciproquement l'ap-
parition de cet homme semblait justifier ces espérances. Ecoutons
dans leur simplicité les dernières paroles du héros, et ce témoignage digne d'attention qu'il se rendait à lui-même à Sainte-
Hélène, en face de la mort :

(1) Paroles de l'empereur Napoléon III.

« Je vais mourir, dit-il à ses compagnons d'armes, je vous dois
» quelques conseils sur la conduite que vous avez à tenir. Vous
» avez partagé mon exil, vous serez fidèles à ma mémoire, vous ne
» ferez rien qui puisse la blesser. *J'ai sanctionné tous les prin-*
» *cipes.* Je les ai infusés dans mes lois et dans mes actes. Il n'y en a
» pas un seul que je n'aie consacré. Malheureusement les circon-
» stances ont été sévères. J'ai été obligé de sévir, d'ajourner. Les
» revers sont venus ; je n'ai pu débander l'arc, et la France a été
» privée des institutions que je lui destinais. Elle me tient compte
» de mes intentions ; elle chérit mon nom, mes victoires. Imitez-
» la. Soyez fidèles aux opinions que nous avons défendues, à la
» gloire que nous avons acquise. Hors de là, il n'y a que honte et
» confusion. »

Il faut bien le reconnaître, la majesté de son exil, la poésie in-
comparable qui l'a entouré dans sa chute, semblent justifier le témoignage qu'il se rendait à lui-même, comme si la Providence, en
l'abaissant de la hauteur prodigieuse où elle l'avait élevé, avait
voulu cependant le préserver de l'injure des hommes, et maintenir
autour de son front, consacré par le génie et par la gloire, l'auréole
d'une mission extraordinaire. Pie VII lui-même, qui avait à se
plaindre de Napoléon Ier, n'était-il pas sous l'influence d'un sentiment semblable, lorsqu'il écrivait au cardinal Consalvi, en 1817,
cette lettre empreinte d'une charité sublime et d'une impartialité
souveraine : « La pieuse et courageuse initiative de 1801, écrivait-
» il, nous a fait oublier et pardonner depuis longtemps les torts
» subséquents. Savone et Fontainebleau ne sont que des erreurs de
» l'esprit ou des égarements de l'ambition humaine ; le concordat
» fut un acte héroïquement et chrétiennement sauveur. »

Napoléon a posé toutes les questions. De la pointe de son épée, di-
rigée vers Constantinople, il avait indiqué le rendez-vous futur des
nations. Il avait vu dans l'avenir « cette grande fusion de l'Occident

» avec l'Orient, que tout annonce, que tout prépare, et d'où doit jail-
» lir un nouvel éclat de lumière et une nouvelle transformation de
» la société des hommes (1). » C'est pourquoi, comme il se sentait
d'avance le représentant de la civilisation occidentale, il était allé
la reporter en Orient, soit pour réveiller l'Orient lui-même au contact de l'Occident, soit pour retremper l'Occident dans les flammes
ardentes de son berceau. En même temps, il le rapprochait des siècles écoulés. « Du haut de ces pyramides, disait-il à ses soldats,
quarante siècles vous contemplent. » Il convient, en effet, que dans
les grandes crises de son existence, l'humanité se recueille dans le
passé, avant de s'élancer vers l'avenir.

Les déchirements des formes extérieures de la civilisation ne sont
jamais des abîmes entre un âge et un autre âge. Les traditions ne
sont jamais détruites qu'en apparence ; elles ne le sont jamais pour
les grands hommes, pour les véritables et légitimes conducteurs de
l'humanité. Ils ne sont pas dupes de ces antinomies qui sont le piège
des esprits vulgaires.

Au moment même où le général Bonaparte abordait la scène de
l'histoire, il y avait un conflit redoutable entre la civilisation moderne et l'Eglise catholique. Ce conflit, dans les deux camps, pa-
raissait radical et irrémédiable. Seul, le général Bonaparte en jugea autrement.

Distinguant la cause de la Révolution française des excès qui
l'avaient compromise et des hommes qui la portaient, il assuma
résolûment devant l'histoire et devant la postérité la responsabilité
de cette cause, et il la réconcilia avec l'Eglise.

Cela fait, il jugea que le moment était arrivé où il fallait rassem-
bler, dans l'intérêt de l'Europe entière, la souveraineté collective
européenne, éparse depuis Charlemagne et qui manque au monde.

____

(1) *Annales algériennes*, par M. E. Pélissier, capitaine d'état-major.

Il y a dans le cours de la vie des peuples des heures solennelles où il faut que la nation soit convoquée d'une manière extraordinaire, soit pour se défendre ou disposer d'elle-même, soit pour partager la responsabilité de grandes mesures de salut public.

Le même besoin existe pour ces groupes de nations animées par la même civilisation, qui se sentent solidaires les unes des autres et qui ont les mêmes destinées.

Telle était la Grèce antique. Telle est aujourd'hui l'Europe.

Le congrès de Vienne aurait dû être les États généraux de l'Europe. Il aurait dû être convoqué par l'Empereur Napoléon Ier, il fut réuni contre lui. Napoléon Ier revendiqua cette idée, prétendant qu'elle lui avait été volée ; et il semble bien que cette réclamation était fondée, car les rois qui s'emparèrent de cette grande idée parurent comme étrangers à l'œuvre même qu'ils fondaient, et qui avorta entre leurs mains.

Napoléon III, porté au pouvoir par le concours des éléments opposés qui trouvaient en lui une conciliation nécessaire, offrant une égale garantie aux intérêts conservateurs et aux intérêts populaires, devait se proposer la même tâche dans la sphère internationale : il doit être, comme son prédécesseur, arbitre entre deux mondes. Il est au pouvoir pour empêcher leur conflit, et c'est pour cela qu'il peut jouer ce grand et magnifique rôle de *gardien de la paix de l'Europe*. L'espoir de la justice, des réparations possibles, des reconstructions nécessaires, repose sur lui ; en même temps la cause de l'ordre et les droits des siècles ont en lui un défenseur. En effet, il ne faut pas séparer ces deux causes.

« J'appelle de tous mes vœux, a-t-il dit, le moment où les gran-
» des questions qui divisent les gouvernements et les peuples pour-
» ront être résolues pacifiquement par un arbitrage européen. Ce
» souhait était celui du chef de ma famille, lorsqu'il s'écriait à
» Sainte-Hélène : Se battre en Europe, c'est faire la guerre civile.

» Cette grande pensée, jadis une utopie, ne peut-elle pas devenir
» demain une réalité? Quoi qu'il en soit, il y a toujours honneur à
» proclamer un principe qui tend à faire disparaître les préjugés
» d'un autre âge. Unissons nos efforts pour ce noble but. Ne nous
» préoccupons des obstacles que pour les vaincre et de l'incrédulité
» que pour la confondre. »

L'Empereur Napoléon III pouvait proposer le congrès, mais il n'aurait pas pu imposer aux rois réunis la solution du problème politique de l'Europe. De même les rois n'auraient pas pu davantage réaliser cette solution, si elle n'avait été d'avance à peu près acceptée par les peuples.

Le congrès des peuples doit donc précéder et rendre possible le congrès des rois.

Mais cette conversation des peuples, cette discussion internationale des intérêts européens, comment est-elle possible autrement que par la presse ?

Où trouver en dehors de la presse une tribune internationale où le Français puisse discuter avec l'Anglais, l'Italien avec l'Allemand ? où trouver ce forum européen où tous les intérêts pourront se rencontrer, où toutes les prétentions pourront être contrôlées, discutées, élucidées ?

La presse est le forum, la tribune et la diplomatie des peuples.

V

LE LABARUM.

Devant tous les fondateurs, à l'entrée d'une nouvelle ère, se pose une question qui dévore ceux à qui elle s'adresse lorsqu'ils ne la comprennent pas.

Cette question est toujours la même.

Qu'est-ce que l'homme ?

Qu'est-ce que la société humaine ?

La question de l'avenir se dresse comme le sphinx antique aux abords de tous les défilés de la civilisation ; mais elle ne s'adresse pas à un seul homme. Elle s'adresse à tous, parce que la société moderne repose sur tous. Elle se montre sur plusieurs points à la fois, afin qu'on ne puisse pas douter qu'elle embrasse le monde. Elle se présente sous plusieurs faces, afin qu'on puisse en mesurer la hauteur, la largeur et la profondeur. Il était bon pour l'Europe, il était peut-être nécessaire, à cette heure solennelle où nous sommes arrivés, que la question de la justice fût devenue, pour ainsi dire, palpable sur un point déterminé. La Pologne joue ce rôle. Epuisé, mourant, gardé à vue par trois puissances formidables, ce peuple représente la justice ; il a si bien engagé dans sa cause l'honneur de l'Europe et les droits éternels de la justice, qu'un évêque de France a pu dire : « Le fruit magnifique du sacrifice de » la Pologne sera la rédemption temporelle des sociétés. »

Pendant que les choses se passent ainsi à Varsovie, pendant que la justice, la liberté, la solidarité, tous les droits violés éclatent sur ce calvaire devant l'humanité stupéfaite, la question orientale rappelle aux peuples de l'Europe leurs traditions et leurs destinées communes. Elle a été posée par Constantin. Les invasions de l'islamisme, la réaction de l'Occident par les croisades, l'expédition d'Égypte, l'insurrection de la Grèce, la conquête d'Alger en ont été les phases successives. La guerre de Crimée a été faite, non pour résoudre, mais pour ajourner cette question qui changera la face du monde.

Ainsi, par la question orientale, le génie de l'Occident est placé en face de sa mission, qui est de refaire l'unité de la famille humaine.

La question polonaise prouve que la quantité de justice qui anime la société européenne n'est plus suffisante. Et la question romaine fait sentir à l'humanité qu'une nouvelle alliance de Dieu avec l'homme lui est nécessaire pour qu'il puisse s'égaler à ses destinées.

Les murs de la Chine, de la Cochinchine, du Japon, écroulés devant les armes de l'Occident, étendent encore et universalisent de plus en plus le problème politique, et proposent désormais à l'étude de la diplomatie non plus seulement l'équilibre européen, mais l'équilibre des continents.

Ainsi le problème politique s'universalise au moment même où la crise révolutionnaire, toujours suspendue sur l'Europe, menaçant tantôt un point, tantôt un autre, met à nu les fondements de l'ordre social et semble en décomposer les éléments, afin que le regard de l'homme puisse mieux les pénétrer, les saisir et en comprendre l'harmonie nécessaire. Ainsi le prisme décompose le rayon du soleil.

Chose merveilleuse ! La France semble représenter tous les principes. Elle les épuise tour à tour. On dirait qu'elle les exagère à dessein pour en faire une expérience plus complète, plus décisive et plus lumineuse,

Quel peuple représente davantage la liberté humaine ? Montesquieu a dit de Charlemagne que la grandeur avait pénétré son nom. Il aurait pu dire de même que la liberté a pénétré et transfiguré le nom de la France. Le sceau de la liberté est sur son génie. Son nom seul signifie liberté. Franchise vient de Franc ; de sorte que, affranchir signifie littéralement agir à la manière des Francs. Et cependant quel peuple a aimé davantage la majesté et l'éclat du pouvoir ?

Il a été un instant l'apôtre de la raison humaine, et les révolutionnaires n'étaient que les philosophes armés pour la défense de leurs idées. Mais ce peuple n'en est pas moins le soldat de Dieu, et ceux qui racontent son histoire peuvent l'intituler : *Gesta Dei per Francos*.

Il n'y a pas de peuple plus épris de la gloire militaire. Il n'y en a pas qui tienne moins à ses conquêtes et à sa grandeur matérielle.

Son patriotisme est ardent, impétueux ; mais il n'est pas seulement français, il est européen, je dirais presque humanitaire. Il est tout près de dire comme Tertullien : « Nous sommes citoyens du monde. »

Et voilà pourquoi il est possible à la France, et il est dans sa destinée de raffermir l'ordre social européen, après l'avoir ébranlé. C'est ce que Joseph de Maistre, partagé entre l'anathème et l'admiration, attendait d'elle, lorsqu'il fait entendre qu'elle sera l'instrument de la plus grande des révolutions, révolution chrétienne et légitime, qui sera l'apaisement et la solution des conflits d'idées, de principes et d'intérêts provoqués par le développement inquiet et audacieux de la civilisation moderne.

Nul doute, en effet, que les harmonies mystérieuses et divines de la raison et de la foi, de l'ordre politique et de l'ordre religieux, du capital et du travail, de la liberté et de l'autorité, ne contiennent un monde nouveau, une société plus parfaite dont l'idéal tourmente les peuples modernes.

Quiconque ne croit pas à cet idéal, quel que soit son génie ou sa vertu, n'est plus écouté par eux. Et qui aurait le droit de s'en étonner? Comment les peuples de l'Europe, au moment où ils naissent à la vie politique, comment les masses, subitement initiées à l'exercice des droits civiques, ne pouvant et ne voulant pas, avec raison, distinguer la morale publique de la morale privée, n'attendraient-elles pas des réalisations sociales proportionnées à la grandeur et à la magnificence des dogmes qui leur sont enseignés?

Il y a quinze siècles, un signe apparut à César dans le ciel. César s'appelait alors Constantin, et il représentait l'humanité. Il leva les yeux et il lut autour de la croix ces mots : « Par ce signe tu vaincras. »

Cette parole a été dite à tous les peuples et à tous les siècles; mais elle s'adresse d'une manière particulière à celui-ci. Ce siècle porte un grand poids qui doit l'écraser ou le glorifier.

Placée en face d'un avenir inconnu, l'humanité ressemble à ces navigateurs du XVIᵉ siècle qui cherchaient des terres nouvelles. Elle hésite à doubler ce cap des tempêtes au-delà duquel elle espère cependant rencontrer la paix, la liberté et la sécurité.

Il lui est donc nécessaire de se rappeler à elle-même la loi de la victoire, qui est en même temps la loi de l'activité humaine, et qui était représentée par ce grand signe apparu à Constantin.

« Le christianisme, stable dans ses dogmes, a dit Chateau-
» briand, est mobile dans sa lumière. Sa transformation enveloppe
» la transformation universelle. Quand il aura atteint son plus haut
» point, les ténèbres achèveront de s'éclaircir; la liberté, crucifiée sur
» le Calvaire, en descendra avec lui; elle remettra aux nations ce tes-
» tament écrit en leur faveur, et jusqu'ici entravé dans ses clauses. »

Les plus grandes figures historiques de notre époque ont porté

le poids de ce problème : Louis XVI, Napoléon Ier, O'Connell.
L'Empereur Napoléon III a posé dans les mêmes termes la grande
question de ce siècle. « Il s'agit, a-t-il dit, de consacrer l'alliance
» de la religion et de la liberté. »

Nous sommes en face de cette question.

VI

LA CITÉ DE L'AVENIR

L'Empereur Napoléon Ier disait qu'il ne connaissait que deux
peuples, les Orientaux et les Occidentaux.

L'esprit humain est divisé par la séparation de ces deux races,
dont les destinées ont presque toujours été indépendantes l'une de
l'autre.

L'Orient, plus près de la lumière, en a conservé je ne sais quel
reflet magnifique, qui atteste encore aujourd'hui sa grandeur
primitive ; mais il a dissipé les trésors de la civilisation, et il a été
supplanté dans son droit d'aînesse, comme Esaü par Jacob.

L'humanité s'est développée en Occident. Trois peuples forment
son histoire : Rome, la Grèce, les Barbares.

Au XVIe siècle, cette forme particulière de la civilisation que les
Barbares avaient apportée dans le monde romain, s'efface et perd son
caractère originel. Avant qu'elle disparaisse complétement, un poëte
en fixe l'image dans une suite de drames immortels.

A ce moment commence une civilisation nouvelle, qui ne peut
pas encore être nommée par le nom d'aucun peuple et d'aucune race par-

ticulière. C'est l'humanité même qui vit de sa vie propre, et qui cherche à s'affranchir de toutes les tutelles imposées ou acceptées jusqu'alors.

L'esprit humain, longuement façonné par l'éducation féconde de l'Église catholique, s'enivre de sa puissance et de sa liberté. Il mesure les cieux ; il prend possession de son domaine ; il renouvelle les sciences et il multiplie ses forces, par la boussole, la poudre à canon, l'imprimerie.

Puis il aborde un plus grand travail. Il juge que la société doit être également son œuvre, et qu'elle doit recevoir l'empreinte de sa liberté. Alors apparaît, au XVIIIe siècle, cette race d'hommes nouveaux, fiers de l'émancipation de la raison humaine, et persuadés qu'elle doit dominer le monde.

Ils s'emparent effectivement du pouvoir et, après avoir fait triompher leurs idées, ils les défendent les armes à la main. Admirable victoire, si elle avait été remportée sans blesser la justice ; mais l'humanité délivrée n'eut pas la force de repousser la main tachée de sang qui lui offrait le bienfait de l'émancipation, et elle oublia que c'était l'Église catholique qui avait rendu la liberté possible. Ils appliquaient une philosophie chrétienne, et ils combattaient le christianisme. Quoi d'étonnant, dès lors, que les chrétiens aient méconnu longtemps la liberté née dans de telles circonstances ?

A propos de la *Déclaration des droits de l'homme,* Joseph de Maistre disait qu'il avait bien rencontré des Français, des Allemands, des Anglais, mais que *l'homme,* il ne l'avait jamais vu ; et il avait raison dans un certain sens. Jusqu'alors l'homme n'existait que dans l'Église. Il ne comptait pas dans la cité. Certaines conditions de naissance ou de fortune avaient toujours paru nécessaires pour conférer, dans une mesure plus ou moins étendue, l'existence politique. La liberté n'était connue et comprise que sous la forme du privilége.

1789 est l'avénement de l'homme, à titre d'homme, dans la cité.

C'est pourquoi la liberté est aujourd'hui une question humaine. Elle était chez les Romains une dispute entre les patriciens et le peuple, puis entre Rome et l'Italie. Le reste des hommes, esclaves ou sujets, assistaient indifférents à la lutte. Plus tard, ce fut une querelle qui se passait entre les barons et les rois, et c'est ainsi qu'en Angleterre la liberté s'est fondée. Aujourd'hui, cette question embrasse la société européenne tout entière, et lorsque, sur un point déterminé, la justice est violée, tous les peuples paraissent atteints par une injure commune ; l'indignation de tous, mêlée au sang des héros et aux larmes des mères et des épouses, soulève vers le ciel un nuage qui porte la foudre, et tous les regards cherchent sur quel point et à quel moment elle éclatera.

VII

CONCLUSION

Personne ne croira qu'il soit possible de refaire ni la société grecque, ni la société romaine, ni la société des Barbares sous la forme de la féodalité, ni la dégradation de la féodalité sous la forme de l'ancien régime.

Il faut donc faire quelque chose de nouveau, ou plutôt, ce qui existe étant nouveau, il faut trouver la loi de cette nouvelle société.

Toutes les civilisations qui nous ont précédés se sont formées en dehors du christianisme; puis, à un certain moment, elles ont été touchées par le christianisme et modifiées par lui.

Pour la première fois la philosophie sociale du christianisme se trouve en face d'une société rationnelle ou qui veut être rationnelle, et qui ne s'arrête incertaine que devant les grandes traditions de l'Église catholique.

L'ordre surnaturel lui apparaît comme une puissance presque inconnue. Elle ne sait pas si elle veut nier ou adorer ce dieu inconnu. Elle ne reconnaît plus sur elle-même, dans ses mœurs et dans ses idées, la trace de son passage.

Voyez, cependant !

La gloire est déplacée.

La victoire ne suffit plus pour décerner le triomphe.

Le vaincu dont la cause est juste paraît plus grand que le vainqueur. Par cela seul qu'il a inscrit sur son drapeau des droits méconnus, l'humanité le relève et l'honore.

Spartacus, l'esclave révolté et vaincu, obtient une statue dans le palais des rois ; puis un jour la pitié s'éveille dans le cœur d'une femme. Elle écrit un livre en faveur des esclaves, et la pitié devient la vengeance terrible de toute une race opprimée.

Les idées de la civilisation moderne sont des idées chrétiennes. L'homme moderne proclame en son propre nom des idées divines. Le jour où il aura la pensée de les rattacher à leur principe, il changera la face du monde.

La liberté, l'égalité, la fraternité, le respect des nationalités, la solidarité des peuples sont des idées chrétiennes.

La plus étonnante des idées de la civilisation moderne est l'idée de l'unité.

Le monde moderne a conservé de la vérité catholique l'idée, le sentiment et la passion de l'unité. Cette gravitation vers l'unité dans toutes les sphères de l'activité humaine est quelque chose de prodigieux.

Unité matérielle, par les chemins de fer et l'électricité ;

Unité économique par le libre échange, les traités de commerce, les expositions universelles ;

Unité dans le droit, par l'étude des législations comparées ;

Unité internationale, par les congrès ;

La proposition du congrès du 5 novembre 1863 a donné un corps à cette idée ;

Elle plane sur le monde.

Des camps les plus opposés, on se rencontre sur ce point ; soit que J. de Maistre salue de loin une grande unité qui lui apparaît dans l'avenir ; soit que l'Empereur Napoléon Ier parle de la possibilité de réaliser le beau idéal de la civilisation sous la forme d'une grande confédération européenne, affirmant qu'il n'y aura plus désormais d'autre grand équilibre possible en Europe ; soit que l'Empereur Napoléon III évoque un tribunal européen, sous ces appellations diverses, la même idée apparaît. Le saint empire romain en était le signe, non la réalisation. Le signe a été brisé, afin que la réalité apparaisse.

A la différence du citoyen des temps anciens, l'homme moderne a deux patries. Il est de sa nation d'abord ; puis il se sent, comme Tertullien, citoyen du monde.

Les chemins de fer sont les murs de la cité de l'avenir. Le journal en est la place publique.

Il fallait, en effet, que les peuples fussent mis en communication autrement que par la guerre et le commerce.

Il fallait qu'ils pussent s'entendre, se concerter, délibérer en commun. Cela n'était possible que par la presse, tribune et forum du genre humain, instrument de la liberté et de l'unité humaine.

En effet, le *journal* est autre chose que le livre ou la revue. Il est autre chose qu'un enseignement. Ce ne sont pas les feuilles d'un livre dispersées dans une année ou dans des fractions d'année.

Celui qui l'achète en passant sur les places publiques, ou qui le reçoit dans son foyer, y cherche autre chose qu'un enseignement; il y cherche l'émotion et l'intérêt de la vie publique. Il éprouve une impression semblable à celle que devait ressentir le citoyen d'Athènes ou de Rome, au moment où il descendait sur la place publique pour entendre les orateurs, apprendre les nouvelles et se mettre en communion d'idées, de sentiments et de passions avec ses concitoyens.

Qu'il le veuille ou non, le fondateur d'un journal a créé une des places publiques de l'humanité. Il a élevé une tribune à laquelle tout le monde s'étonne de ne pas pouvoir monter. Il semble qu'elle devrait être universelle.

Par sa nature, par la mission qu'il accepte, par la responsabilité qui pèse sur lui, le journal participe des conditions de ces choses communes, l'eau, l'air, le feu, les grands chemins, les places publiques.

Lorsque la publicité est exclusive, accaparée par quelques-uns au profit d'une seule idée, le public éprouve un malaise semblable à celui qui résulterait de la raréfaction de l'air ou de l'eau.

C'est un désordre pareil à celui qui se produisait quelquefois à Rome lorsque le Forum était envahi par une faction armée, turbulente, poursuivant et intimidant ses adversaires (1).

Mais lorsque le citoyen athénien avait entendu les orateurs, lorsqu'il avait appris les nouvelles, il désirait connaître l'opinion du peuple tout entier.

C'est également ce que l'homme moderne cherche dans le journal, et le journal sait qu'il doit répondre à ce désir. Il le promet

---

(1) Le législateur s'est évidemment placé à ce point de vue lorsqu'il a donné à toute personne citée dans un journal le droit de répondre dans le journal même. Ce droit accordé à tous les citoyens, il se l'est arrogé lui-même, et je ne crois pas que personne ait jamais contesté la légitimité de ces deux dispositions.

Il faut ranger dans la même catégorie l'obligation de reproduire en entier le compte rendu des débats du Corps législatif et du Sénat.

par son titre même, car il s'appelle *le Pays, la Patrie, la France, l'Opinion nationale*, et il ne représente pas seulement le pays, il représente le siècle, le temps où nous vivons; il représente le monde, c'est-à-dire, s'il était fidèle à son titre, l'ordre universel des choses.

La rédaction d'un journal devrait donc jouer le même rôle que le chœur dans les tragédies antiques. Le chœur intervenait dans le drame, et il donnait une voix à toutes les choses saintes et sacrées. Il était la voix de la patrie, de la justice, de la religion.

De même que l'humanité prend conscience d'elle-même dans le passé par l'histoire, de même, par le journal, elle s'interroge chaque jour; elle se voit et se juge.

Si donc le journal réalise ces trois conditions : d'être en même temps le forum, la tribune et la conscience du genre humain, il atteindra l'idéal de cette institution.

Il est difficile d'atteindre un tel idéal; il est même difficile de s'en approcher.

Mais plus le journal s'en rapprochera, plus les chances de guerre et de révolutions seront diminuées.

Il existe dans les entrailles des sociétés modernes une force immense qui n'a pas de nom exact. On l'appelle, faute d'un nom meilleur, l'opinion publique. Elle est mêlée de bien et de mal. C'est l'instinct de la vie sociale. Elle est terrible lorsqu'elle reste à l'état latent, lorsqu'on ne peut en savoir ni la direction, ni l'intensité, ni en prévoir les contre-coups. C'est un péril qu'on ne sait comment conjurer.

Il est nécessaire qu'elle se produise au grand jour. Il faut qu'elle se déploie pour qu'elle s'éclaire et se modère elle-même.

Il faut que l'on entende la voix des peuples, que la parole des rois puisse répondre à la parole des peuples, afin que l'accord de ces deux paroles maintienne l'ordre et la paix et que l'ordre maintenu soit le progrès vers l'unité, la liberté et la justice.

L'humanité, par ses chefs, par ses représentants, par les ministres de la parole et de l'épée, écoute dans le lointain la voix puissante et solennelle de l'unité qui réclame.

Le bruit des guerres et des révolutions étoufferait cette voix, qui est l'appel de Dieu.

On a découvert en Afrique une pierre détachée d'un monument, sur laquelle on pouvait lire une inscription touchante : c'était la dédicace d'une église chrétienne élevée par un affranchi en mémoire de la liberté obtenue.

Je m'imagine qu'un jour l'Europe, jouissant en paix et en sécurité de la liberté, imitera cet affranchi.

Elle élèvera quelque part, par la main d'un de ses princes, agissant au nom de tous, un monument digne d'elle, au Christ libérateur.

Ce sera le sacre de la liberté.

Ce sera l'alliance définitive de la religion et de la liberté.

Paris, 10 juin 1865.

L. DE JUVIGNY.

PARIS. — IMPRIMERIE PARISIENNE. — DUPRAY DE LA MAHÉRIE.
Boulevard Bonne-Nouvelle, 26 (impasse des Filles-Dieu, 5). 636.